AF316850

ADOPTA *una* MENTALIDAD *Positiva*

UNA GUÍA FEMENINA PARA EL OPTIMISMO Y EL BIENESTAR

NINA MADSEN

Special Art Development

Índice

Introducción

La vida puede tener tantos altibajos que, a veces, te sentirás como en una montaña rusa.

Los buenos momentos son maravillosos, nos hacen sentir bien y nos recuerdan por qué es importante no rendirse. En cambio, los difíciles pueden hacernos sentir inseguras y frustrar cualquier pensamiento positivo. En esas circunstancias nos hacemos preguntas como "¿voy por el buen camino?" o "¿sé qué tipo de persona quiero ser?".

Los altibajos forman parte de la vida, pero la clave para vivir feliz es mantenerse fuerte y agradecida por lo que se tiene, incluso en tiempos de crisis.

Pero, ¿cómo ponerlo en práctica? El *pensamiento positivo te* permite apreciar lo que te rodea y capear cualquier temporal. Quizá este concepto te parezca un poco vago y simple, pero te aseguro que no lo es en absoluto.

Para pensar en positivo, primero debemos cambiar nuestra perspectiva y aprender a centrarnos en lo que tenemos en lugar de pensar en lo que nos falta. En lugar de prestar atención únicamente a los momentos oscuros, ¡mira hacia delante y hacia las bendiciones que te ofrece la vida!

Hacerlo no sólo te ayudará a salir de situaciones difíciles, sino que también te dará más confianza, amor y autoestima.

En estas páginas aprenderás a cambiar de perspectiva e incluso a replantearte tu trayectoria profesional. Descubrirás cómo potenciar tu fuerza disfrutando de momentos de soledad y cómo recargar tu energía con la nutrición adecuada. A continuación, te revelaré el secreto de la confianza en ti misma y la perseverancia, y te ayudaré a dar rienda suelta a tu creatividad y a sentirte agradecida contigo misma.

En este libro redescubrirás la importancia del pensamiento positivo. Pero todo empieza por ti: ¡quererte a ti misma te ayudará a ver el mundo y tu vida de una forma completamente distinta!

Primera parte: Cambia de perspectiva

Capítulo uno

Recuerda tu trayectoria profesional

> Da luz y la gente encontrará su camino.
> —*Ella Baker*

Tener una carrera satisfactoria y un trabajo que te guste es un regalo que todo el mundo debería tener. Puede que estés leyendo esto ahora mismo mientras disfrutas de tu tiempo de descanso en el trabajo, o puede que estés relajándote después de un día estresante haciendo lo mismo una y otra vez. Puedes pasar miles de horas cultivando una carrera, pero ¿es realmente la carrera que quieres? Uno de los grandes obstáculos para el pensamiento positivo es estar en una carrera que no va a ninguna parte o, al menos, no en la dirección que quieres.

El estrés causado por un trabajo insatisfactorio puede abrumarnos y ahogar cualquier pensamiento positivo. Es cierto que un trabajo no lo es todo, pero a menudo es la actividad a la que dedicamos la mayor parte de nuestro tiempo y que nos reporta ingresos. Y pensar que el trabajo debe ser una oportunidad para expresar nuestras habilidades, retarnos a nosotros mismos y crecer.

Sea cual sea tu trabajo actual, si lo vives con pesadez y no ves ningún aspecto positivo para el futuro, puede que haya llegado el momento de cambiar de rumbo.

PONLO EN PRÁCTICA

Tómate un tiempo para reflexionar sobre tu trabajo, ya seas abogado, profesor o camarero. Empieza por hacerte algunas preguntas, como:

- ¿Cuáles son los aspectos positivos de mi empleo? ¿Me permite aprender cosas nuevas?

....

....

- Si no me encanta mi trabajo, ¿aún me aporta beneficios que me motiven a seguir adelante?

....

....

- ¿Me ha afectado negativamente mi carrera? ¿En qué sentido?

....

....

- ¿Necesito un cambio para ser feliz y tener una visión positiva de la vida?

  ....

  ....

- ¿Qué opciones tengo?

  ....

  ....

- ¿Cuáles son mis objetivos laborales?

  ....

  ....

EJERCICIO CREATIVO

Dibuja (o encuentra) un símbolo que represente tu campo profesional. Puede ser cualquier cosa, desde un gorro de cocinero hasta un maletín. Piensa en él como un símbolo de fuerza, que te ayudará a alcanzar tus objetivos.

Mientras lo dibujas, piensa en los cambios que te gustaría introducir en ese símbolo a medida que evolucione tu trayectoria profesional. Por ejemplo,

el gorro de cocinero puede convertirse en gorro de policía, o el delantal de camarera en uniforme de azafata.

Elijas lo que elijas, intenta abrazar el cambio, pensando en tu trabajo como una oportunidad de crecimiento; de este modo, aprenderás a ver la vida de forma positiva.

Conclusiones

A veces, un trabajo que no nos apasiona puede hacernos sentir tan deprimidos que sólo queremos desconectar un poco. Tómate un tiempo para mirar en tu interior. Puede que descubras que hay cosas positivas en tu carrera que podrían inspirarte para continuar por ese camino o incluso alcanzar tus sueños y metas.

Capítulo dos

Reconoce el papel de la música en tu vida

La música de todo tipo tiene un gran poder. Escuchar tu canción favorita puede transformar tu día a mejor en cuestión de segundos. Cuando escuchamos la música que nos gusta, podemos detener el flujo constante de pensamientos y disfrutar del momento presente. Todo el libro habla de volverse hacia la luz y la positividad, y la música puede ayudarnos a hacerlo. La melodía adecuada puede ayudarte a relajarte, a liberarte del estrés, a bailar o a cantar. En este ejercicio, te pido que le des a la música un papel

clave en tu vida: conviértela en un punto focal y que actúe como refugio cuando estés atravesando uno de esos momentos difíciles.

PONLO EN PRÁCTICA

Tómate un tiempo para escribir en tu diario el título de tus canciones favoritas. ¿Están relacionadas con algún momento de tu vida? ¿Por qué son importantes para ti? ¿Te ayudan en los momentos difíciles? ¿Te animan a seguir adelante? ¿En qué sentido?

....

....

....

....

Después de responder a estas preguntas, dedica un rato al día a la música. Siempre que sientas la necesidad, pon una lista de reproducción. Escúchalo mientras preparas la cena con la familia, por la mañana o mientras te das un baño caliente.

Piensa en la música como una vía de escape, un lugar seguro, una guía para empezar a ver las cosas más bellas de tu vida.

Ejercicio creativo

Crea una lista de reproducción con tus canciones favoritas. Para ello, puedes utilizar tu aplicación de música favorita, elegir las canciones que más te gusten y ponerlas en el orden que mejor te parezca.

Recomiendo crear más de una en función de los diferentes estados de ánimo o situaciones que experimentes. Por ejemplo, puedes crear una lista de reproducción para escuchar después de un duro día de trabajo, otra para relajarte y otra para hacer ejercicio.

Conclusiones

La música puede calmar cualquier alma, y ya que la vida es tan caótica, ¿por qué no utilizarla para calmar la tuya? Haz que forme parte de tu vida y deja que te dé ese empujón extra para seguir adelante.

Capítulo tres

Elige bien tus modelos de conducta

> Una mujer debe ser dos cosas:
> lo que es y lo que quiere ser.
> —*Coco Chanel*

Somos lo que idolatramos. A quién admiramos revela mucho sobre nosotras y a veces, sin saberlo siquiera, damos demasiada importancia a las personas equivocadas. Por si fuera poco, centrarnos demasiado en el modelo equivocado puede hacer que nos olvidemos de honrarnos a nosotras mismas.

Para mantener una actitud positiva ante la vida, es útil examinar lo que realmente nos importa y a quién admiramos. Mientras trabajas para cambiar

tu perspectiva, también es bueno cuestionar a las personas que sueles tomar como ejemplo.

PONLO EN PRÁCTICA

Piensa en alguien a quien consideres un modelo a seguir. Si has identificado a más de una persona, elige una y pregúntate:

* ¿Qué admiro de ella?

....

....

- ¿Cuándo empecé a considerarla un modelo a seguir?

....

....

- ¿Qué me mostró a través de sus acciones/ palabras? Escribe siete de sus cualidades que admires.

....

....

A continuación, empieza a pensar qué rasgos tienen en común tú y esa persona. ¿Sigues sus enseñanzas para desarrollar cualidades que crees que no tienes? Escribe lo que puedes hacer para desarrollar esos rasgos. El objetivo no es copiar otra personalidad, sino empujarte a redescubrir tu mejor parte.

Junto a cada cualidad, escribe dos acciones que podrían ayudarte a adquirirlas. Las acciones pueden incluir algo fuera de tu zona de confort, como el voluntariado, actuar o socializar más. Una vez que hayas completado tu lista de cualidades que quieres desarrollar y las acciones necesarias para conseguirlas,

tendrás claro lo que esperas ser y cómo conseguirlo. Eso sí que es pensar en positivo.

Nota: después de reflexionar sobre tu modelo de referencia, puedes que descubras que no es un buen modelo en absoluto. No hay nada malo en ello. Sólo tienes que encontrar a otra persona cuyas cualidades sean realmente admirables.

EJERCICIO CREATIVO

Dibuja o busca un retrato de la persona que admiras. En tu dibujo, incluye imágenes o enumera las cualidades y características que admiras y deseas imitar.

Conclusiones

Los modelos de conducta te ayudan a orientar y dirigir tu vida. Incluso pueden ayudarte a entenderte a ti misma de otra manera, mostrándote qué características puedes desarrollar. ¡Viva el progreso y el crecimiento!

Capítulo cuatro

Reprocesamiento de un recuerdo negativo

> Todo el mundo tiene una historia que contar. Todo el mundo es escritor, algunas historias se escriben en los libros y otras se encierran en el corazón.
>
> —Savi Sharma

Hay obstáculos en la vida que no nos permiten centrarnos en las cosas buenas. Recuerdos negativos que no podemos olvidar, por ejemplo.

No te preocupes, no eres la única: todos queremos olvidar los peores momentos de nuestro pasado, pero no siempre lo conseguimos. Quizá nunca hemos perdonado a un amigo íntimo que no se portó

bien con nosotras hace años; o hemos tenido una experiencia humillante que nos ha dejado huella; o seguimos sintiéndonos culpables por haber herido a alguien que nos quería.

Sea lo que sea, ese recuerdo negativo ejerce un poder sobre ti. Aferrarse a la negatividad nos envenena lentamente alimentando la mala energía y nos empuja a vivir en un estado de oscuridad en lugar de luz.

Para cambiar de perspectiva, hay que dar un paso adelante con valentía y reelaborar el recuerdo negativo.

PONLO EN PRÁCTICA

Escribe un recuerdo que no puedas olvidar. Si has sufrido traumas en el pasado, puede que te resulte más fácil empezar con algo pequeño. Una vez que hayas encontrado una imagen negativa que ahonde en tu subconsciente, descríbela con todo detalle, sin omitir nada.

Escribir puede ser una acción muy catártica porque te ayuda a liberar energía negativa. Para sacar el

máximo partido de este ejercicio, hazte las siguientes preguntas:

- ¿Qué más estaba pasando en mi vida en ese momento?

  ....

  ....

- ¿Cómo me sentí en ese momento?

  ....

  ....

- ¿Qué aprendí de esa experiencia?

  ....

  ....

- ¿Se produjeron cambios importantes? (puede ser interno o externo)

  ....

  ....

- Imagina que otra persona viviera ese acontecimiento desde fuera. ¿Puedes imaginártelo desde el punto de vista de otra persona? ¿Qué aspecto tendría y qué se pensaría desde fuera?

....

....

Una vez que tengas las respuestas a estas preguntas, tómate un momento para imaginar ese recuerdo de otra manera. Reescribe la historia desde una nueva perspectiva. Después, observa cómo te sientes cuando hayas terminado el ejercicio: ¿puedes extraer de ese recuerdo lecciones valiosas para tu propio crecimiento?

EJERCICIO CREATIVO

Haz un dibujo que represente tu recuerdo negativo y las lecciones positivas que has aprendido del ejercicio que acabas de realizar. Cuelga el dibujo en un lugar donde puedas verlo a menudo: te ayudará a eliminar la energía negativa vinculada a ese mal recuerdo. No olvides que la perspectiva lo cambia todo.

Conclusiones

Nuestra visión de la vida puede verse influida por experiencias negativas, sobre todo si no las superamos. Para trabajar tu perspectiva, rememora un mal recuerdo e intenta verlo de otra manera. También puedes pedirle a alguien que te ayude, como un amigo o un familiar. Escucha su punto de vista e intenta aprender lecciones importantes de cualquier experiencia, incluso de las negativas.

Segunda parte: Celebra tu fortaleza

Capítulo cinco

Disfruta de tu tiempo a solas

> La amabilidad siempre está de moda y siempre es bienvenida.
>
> —*Amelia Barr*

Parte del pensamiento positivo consiste en dedicar tiempo a celebrar tus dones. Es importante que aprecies tus puntos fuertes y la persona que eres. Sin embargo, como mujeres, a menudo se nos juzga de egoístas si decidimos pasar tiempo a solas o si queremos sacar algo de tiempo para hacer algo para nosotras.

La verdad es que quererse a una misma significa cuidarse y una de las mejores formas de hacerlo es dedicarse tiempo a una misma.

Créeme, siempre encontrarás una excusa para no dedicarte un día sólo a ti: está el trabajo, la casa, los niños… la lista es interminable. Por eso, es importante programar ese tiempo y respetarlo de todos modos. Pasar tiempo a solas es increíblemente saludable. Reduce el estrés, ayuda a calmar el ruido de la cabeza y rejuvenece como ninguna otra cosa.

PONLO EN PRÁCTICA

Por desgracia, siempre nos inclinamos a pensar en las necesidades de las personas que nos rodean y casi nunca en las nuestras. Empieza por hacer una lista de las cosas que haces en la vida dedicadas sólo a ti.

Quizá te guste leer por las mañanas, o tal vez dediques un día al mes a *hacerte la manicura*. Tal vez haya una ruta de senderismo que quieras probar por tu cuenta o una cafetería donde te puedas tomar un buen café y desconectar un rato. Si no se te ocurre nada en ese momento, respira hondo y relájate.

Escribe en un papel tu objetivo, que consiste en centrarte en actividades dedicadas a ti y a nadie más. Mereces dedicarte tiempo a ti misma, igual que dedicas tiempo a las demás personas de tu vida.

Una vez que hayas creado la lista de actividades que ya haces por ti misma, prueba a añadir cinco más. Recuerda que deben ser actividades que realmente quieras hacer, no un recado o algo que decidas hacer por tus hijos o un amigo. Esta es una oportunidad para potenciar sus intereses. Puede ser una clase de yoga, escribir un diario, hacer meditación, etc. Ahora, todo lo que tienes que hacer es elegir el día que dedicarás a esas actividades. Estarás a solas contigo misma, en un momento de soledad para celebrar quién eres y tus puntos fuertes.

EJERCICIO CREATIVO

Dibújate haciendo algo exclusivamente para ti. No tiene por qué ser un dibujo perfecto, lo importante es que esta imagen transmita fuerza; ¡la fuerza de quererse a uno mismo y darse el espacio que te mereces!

Conclusiones

Quiérete y celebra quién eres pasando tiempo a solas. No hay mejor manera de decir "te quiero" que pasar tiempo en nuestra propia compañía haciendo algo que nos gusta. También es una forma estupenda de fomentar la autoestima, la relajación y la fuerza.

Capítulo seis

Defiéndete

> "Entra en la nueva historia que estás dispuesto a crear.
> —Oprah Winfrey"

Este es el día en que empiezas a defenderte a ti misma, tus deseos y necesidades. Hay mujeres que tienden a no expresar lo que piensan y se mantienen distantes, quizá por miedo a ser juzgadas. Prefieren evitar las situaciones difíciles antes que luchar y hacer valer su punto de vista.

Sin embargo, una actitud así podría empujarte a aceptar situaciones que no te convienen en absoluto: tal vez alguien ha hecho una declaración que no

soportas o está intentando aprovecharse de ti. Es hora de reaccionar.

Defiéndete. Todas merecemos sentirnos seguras, felices y queridas. ¿Por qué dejar que nos pisoteen cuando podemos poner límites recurriendo a nuestra fuerza interior? Los límites son una forma sana de mostrar a la gente lo que queremos o no queremos tolerar.

No tengas miedo de defenderte y decir lo que quieres: así demuestras tu fuerza, tu valor y tu amor por ti misma.

PONLO EN PRÁCTICA

Haz una lista de las cosas, palabras o acciones que te incomodan. ¿Ha hecho un amigo una broma insultante? ¿Tu jefe ha intentado desacreditarte? ¿Tu pareja se ha aprovechado de ti? Escribe todas las veces que has sentido que alguien se ha pasado de la raya.

A continuación, elige las que más te molestan y empieza a pensar qué podrías hacer para poner un límite y evitar que esas situaciones desagradables vuelvan a repetirse. O piensa cómo puedes hacer que la persona en cuestión se dé cuenta de que su comportamiento te incomoda. Ten en cuenta que no se trata de obtener una reacción concreta de ella: nunca podemos controlar las acciones de los demás.

En lugar de eso, céntrate en lo que puedes hacer o decir para hacerte oír. Por desgracia, a los demás no les suelen gustar los límites, por lo que pueden reaccionar de forma inesperada la primera vez que intentes establecerlos. Por eso muchos evitan hacerlo: prefieren no crear conflictos.

Pero poner un límite puede crear una hermosa libertad y permitirte expresar tus pensamientos sin

miedo a ser juzgada. Pase lo que pase, recuérdalo: lo importante es haberte mantenido firme y haber expresado lo que piensas.

Hiciste lo que era correcto y lo mejor para ti y esta es la mejor manera de reforzar tu autoestima.

Ejercicio creativo

Busca una foto tuya con tus amigos (o, mejor dicho, una foto tuya de una época en la que te sentías completamente a gusto). Cuando sabemos que nos quieren, independientemente de la situación, somos más capaces de establecer y hacer cumplir nuestros límites.

Mirando la foto, escribe cómo te sentiste en esa situación o con esas personas. Después, guarda la foto con la página en la que estás escribiendo para poder verla siempre y recordar los sentimientos positivos que tuviste en ese momento. Intenta revivir esos sentimientos positivos cada día. Establecer límites será cada vez más fácil.

Conclusiones

Si no expresas lo que piensas, ¿quién lo hará por ti? Aunque es importante conectar con los demás y apoyarse mutuamente, necesitas conocer la fuerza que hay en ti. Una de las mejores formas de desarrollar esa fuerza es poniendo límites. Cuanto más veas tus puntos fuertes, más empezarán a verlos también los demás.

Capítulo siete

Redescubre tu ciudad

> Los sueños y la realidad son
> opuestos. La acción los sintetiza.
> —*Assata Shakur*

Muchas personas tienden a vivir en el mismo lugar durante años, quizá porque vivir en una ciudad que conocemos bien nos reconforta. Sin embargo, a la larga puede resultar un poco aburrido. ¿Por qué no intentas mirar tu ciudad con otros ojos?

Este ejercicio te empujará a experimentar cosas nuevas, conocer gente nueva y apreciar aún más la ciudad en la que vives, alejándote de la rutina. Si queremos adoptar una perspectiva más positiva de la vida, es importante plantearnos retos y seguir

creciendo incluso en el lugar donde siempre hemos vivido.

PONLO EN PRÁCTICA

Junto con tus amigos, haz una lista de cinco lugares de tu zona que nunca hayas visto o visitado antes. Puede tratarse de restaurantes, parques, etc. Lo importante es que puedan descubrirlos juntos por primera vez.

Cuando visites uno de estos nuevos lugares o realices una nueva actividad, adopta la perspectiva de un turista. Hazte estas preguntas:

- ¿Cómo se presenta mi ciudad al turista que la visita por primera vez?

....

....

- ¿Cuál es la parte o el lugar más emocionante, más bonito y más especial?

....

....

- ¿Cuáles son los aspectos positivos que puede apreciar un turista?

....

....

EJERCICIO CREATIVO

Escribe una breve guía sobre tu ciudad haciéndola interesante, como si tuvieras que convencer a alguien para que la visite. Si prefieres dibujar o hacer fotos, imagina crear una postal. Esta nueva perspectiva puede ayudarte a apreciar más el lugar en el que vives.

Conclusiones

Estamos muy influidos por nuestro entorno y, en consecuencia, el lugar donde vives influye en tu forma de ver la vida. Si tu ciudad empieza a cansarte, intenta mirarla de otra manera.

Capítulo ocho

Encuentra (y ama) tus defectos

Nadie es perfecto: es una verdad universal. No tiene nada de malo, es sólo un hecho. Tus defectos te hacen humano: ¡no los veas sólo como debilidades y empieza a apreciarlos! En lugar de desanimarte cuando te das cuenta de tus defectos, empieza a trabajar en ellos. ¿Cómo puedes cambiar tu forma de ver esas partes aparentemente menos bellas de ti misma? Comienza con un examen de conciencia.

PONLO EN PRÁCTICA

Aunque pueda resultar un poco difícil, piensa en algo de ti misma que no siempre te guste. No te limites a tu debilidad por el chocolate, sino profundiza un poco más. Quizá no te guste el hecho de que prefieres estar en un segundo plano y nunca ser el centro de atención; o dejas que la gente se aproveche de ti porque no puedes llevarles la contraria. O no tienes tanta paciencia como te gustaría tener en situaciones estresantes.

Ahora, empieza a ver estos rasgos desde una nueva perspectiva.

- Si tú no eres el centro de atención, ¿quién lo es? ¿Por qué lo crees? ¿Estás dispuesta a ocupar un espacio o prefieres dejar que otros brillen? ¿Es un defecto real o sólo un rasgo de tu personalidad?

....

....

- Si tiendes a complacer a la gente, piensa por qué. Querer hacer feliz a la gente y ser siempre amable puede ser una cualidad que podrías

explotar en otros ámbitos de la vida, por ejemplo, haciendo voluntariado.

....

....

- Si eres demasiado impaciente, piensa en las situaciones en las que perdiste la paciencia: ¿qué ocurrió a tu alrededor? ¿Qué causó ese estrés? ¿Cómo puedes detenerte la próxima vez que te encuentres en una situación similar?

....

....

Enumera los rasgos de tu personalidad que te parecen negativos. Aunque no todas resultarán positivas, es probable que la mayoría jueguen a tu favor. También puedes pensar en cómo convertir esos aspectos negativos en cualidades. ¿Cómo puedes centrarte en tus puntos fuertes para ayudarte a ti misma y cambiar tus "puntos débiles"? Escribe lo que se te ocurra y empieza a ver lo que antes considerabas un defecto como tu maravillosa peculiaridad.

EJERCICIO CREATIVO

Dibuja un retrato de tu cara o hazte una foto. Si lo dibujas, asegúrate de incluirlo todo, incluso lo que puedas considerar un defecto. Alrededor de la cara, anota los nuevos puntos fuertes que has encontrado en ti.

Conclusiones

Esta eres tú, con todas tus imperfecciones, pero también con tanta belleza. Hay luz y fuerza dentro y fuera de ti, y si empiezas a pensar en positivo, podrás ver mejor tus puntos fuertes.

Tercera parte: Ama tu energía

Capítulo nueve

Dale a la comida el valor adecuado

> "Este es mi consejo infalible para la gente: aprende a cocinar, prueba nuevas recetas, aprende de tus errores, no tengas miedo y, sobre todo, diviértete.
> —Julia Child"

Tu cuerpo es tu vehículo y necesita mantenimiento. Cuidarlo significa también apoyar tu cuerpo emocional, mental y espiritual y mostrarte amor a ti misma.

Lo que comemos tiene un efecto increíble en nuestro bienestar. Este no es un libro de dietas, pero quiero ayudarte a valorar la nutrición. Piensa en lo que comes como una forma de apoyar el bienestar de tu corazón y tu mente.

PONLO EN PRÁCTICA

Crea una lista de buenos hábitos y alimentos saludables. A continuación, desplázate por la lista y marca lo que ya haces o consumes y rodea con un círculo las cosas en las que aún tienes que trabajar.

Por ejemplo, puede que tengas que reducir un poco el azúcar o hacer más ejercicio. Quizá deberías añadir más verduras a tus comidas. Observa los elementos que has marcado con un círculo y decide cuáles pueden orientarte hacia una vida más sana.

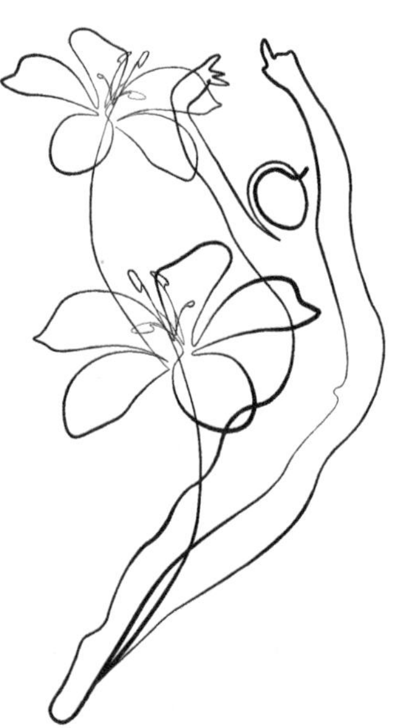

A continuación, crea un plan de alimentación. Empieza poco a poco: por ejemplo, puedes añadir más verduras en el almuerzo o la cena. Sigue el mismo planteamiento con el ejercicio; empieza con una sesión de quince minutos y auméntala semana tras semana. Si no haces ejercicio, piensa en otras actividades que puedan ayudarte a moverte.

Ahora, escribe una lista de los alimentos que suelen tentarte. Normalmente, estos alimentos no son muy saludables, por lo que es importante ver si puedes hacer cambios. Cuando elabores tu plan de alimentación, puedes equilibrar algunos de estos alimentos menos saludables y comerlos cuando decidas recompensarte por un logro.

Ejercicio creativo

Ve al mercado agrícola y compra frutas y verduras frescas y coloridas que normalmente no comprarías. En casa, dibújalos y disfruta de la belleza de la comida sana.

Después, da rienda suelta a tu creatividad con recetas sanas y deliciosas. Puedes encontrar inspiración en Internet, en libros de cocina familiares o en la biblioteca.

Conclusiones

Cuidarse significa dar un paso más y hacer lo que el cuerpo necesita. Cuanto más alimentes tu cuerpo, más bienestar tendrán tu mente y tu corazón. Puede que sea un camino difícil, pero no te arrepentirás.

Capítulo diez

Elimina lo que no utilices

> Mantenerse ocupado y hacer del optimismo una forma de vida puede devolver la confianza en una misma.
> —*Eleanor Roosevelt*

¿Quién dice que hace falta un día de spa para sentirse mejor? Deshacerte de lo que ya no usas o necesitas puede hacerte sentir igual de bien. Ordenar de vez en cuando puede aportar frescura a tu vida; todos necesitamos hacerlo de vez en cuando.

Tendemos a acumular muchas cosas y a veces lo hacemos sólo porque creemos que las cosas materiales nos hacen sentir bien. Por ejemplo, pensamos "¿y si algún día lo necesito?", o "esto es tan bonito que

no puedo regalarlo". Pero a veces todas estas cosas inútiles no sólo no nos aportan ningún beneficio, sino que además nos restan energía.

Los trastos inútiles de los que nos rodeamos pueden convertirse en una representación física de nuestro modo de vida. Nos aferramos a objetos que en realidad no necesitamos. Sin embargo, al refrescar nuestro entorno, nos desprendemos de las cosas inútiles que nos agobian, hacemos sitio para las cosas más importantes y nos sentimos mucho mejor.

PONLO EN PRÁCTICA

Empecemos por la ropa: abre tu armario y saca toda tu ropa. Examínala y pregúntate "¿qué me pongo realmente? ¿Qué necesito y qué me gusta?". Si hay cosas que no te pones desde hace mucho tiempo, es hora de eliminarlas de tu armario. O, si una prenda ya no te sirve, apártala y dónala a otra persona.

Para facilitar esta tarea, puedes dividir tu ropa en tres grupos. En un lado pon las cosas que te gustan y quieres conservar, en el otro, pon las cosas sobre las que no puedes decidirte y en el último grupo pon las cosas que quieres regalar. A continuación, vuelve a las cosas sobre las que estabas indecisa y colócalas entre las cosas que debes conservar o entre las que debes regalar. La pila de "tal vez" debería estar completamente vacía.

Llegados a este punto, lleva la ropa que hayas decidido no quedarte a una tienda de segunda mano o dónala a quienes más la necesiten. Las prendas que has decidido conservar son las que realmente quieres y ahora apreciarás aún más.

Examina también todo lo demás de tu casa de este mismo modo, y te sorprenderás de lo bien que se siente.

Ejercicio creativo

Crea un armario que te encante. Aunque nos gusta tener mucha ropa, a nadie le gusta el desorden.

Dibuja el armario que te gustaría tener. Debe contener sólo las cosas que quieres llevar y todas ellas en perfecto orden.

Conclusiones

Es hora de hacer limpieza de primavera. Rétate a hacerlo una vez al año para entender por qué compraste determinados artículos. Está bien regalar cosas. A veces, ser más conscientes de lo que poseemos puede enseñarnos un poco más sobre nosotras mismas, cómo actuamos y qué valoramos.

Además, si eres capaz de desprenderte de la ropa que ya no necesitas, significa que puedes deshacerte del desorden en tu vida y sentirte realmente bien.

Capítulo once

Apóyate a ti misma

> **Siempre estoy ocupada, lo que quizá sea la principal razón por la que siempre estoy bien.**
> —*Elizabeth Cady Stanton*

El trabajo es necesario para vivir, pero las mujeres suelen sobrecargarse hasta el límite. Aunque todos queremos conseguir grandes cosas en todos los ámbitos, es esencial tomarse un espacio para descansar.

Todo el libro trata de cuidarnos a nosotras mismas, para que aprendamos a ver la vida desde una perspectiva positiva. Si somos realistas sobre cuánto tiempo y energía podemos dedicar a cada tarea,

podremos dedicarnos tiempo a nosotras mismas y mantener esa positividad.

Hazlo por ti y tendrás más espacio, energía y tiempo para hacer lo que te hace feliz.

PONLO EN PRÁCTICA

Haz una lista de todos los compromisos de tu día. Claro, probablemente tengas que trabajar, pero luego piensa en esas pequeñas cosas que haces y que requieren tiempo y energía, como hacer la colada, preparar la cena, ir de compras, etc.

....

....

....

....

Mira la lista y piensa en tu energía. ¿Te estás pasando? ¿Te sientes llena de energía al empezar el día o ya estás agotada pensando en todo el trabajo que tienes que hacer?

Coge una hoja de papel e intenta imaginar de dónde puedes sacar tiempo para dedicártelo a ti misma.

- ¿Puedes hacer tus compras por Internet?
- ¿Puedes hacer la colada en la lavandería?
- ¿Puedes delegar una tarea en el trabajo?
- ¿Puedes evitar pensar en el trabajo cuando sales de la oficina?
- ¿Puede alguien ayudarte a cuidar de los niños?

Analizando las distintas opciones, encontrarás formas de ahorrar tiempo y energía. Nos han enseñado a dar prioridad al trabajo, ¡pero ha llegado el momento de centrarnos un poco más en el merecido descanso!

Ejercicio creativo

Haz un dibujo de ti misma trabajando; quizás, mientras escribes un correo electrónico o haces la colada. Al lado, dibújate en un momento de descanso, leyendo un libro, viendo la televisión o bebiendo un buen vaso de vino.

Observa ambas imágenes y reflexiona sobre la idea de equilibrio entre trabajo y descanso. Estas dos actividades están en el mismo plano y hay que dar espacio a ambas para tener una vida feliz.

Conclusiones

A algunas personas les encanta trabajar porque tienen la oportunidad de demostrar sus habilidades o profundizar en algo que les apasiona. Pero, aunque te encante tu trabajo, puedes llegar fácilmente al límite de tus fuerzas. Empieza a dedicar más espacio al descanso y busca formas de ahorrar tiempo y energía.

Capítulo doce

Reflexiona sobre tu forma de amar

> **"**
> Recuerda que llevas años criticándote
> y no ha funcionado. Intenta apreciarte
> a ti misma y verás lo que ocurre.
> *—Louise Hay*
> **"**

El amor hace girar el mundo. A quién amamos y cómo dice tanto de nosotras. Las personas a las que queremos, ya sean amigos, compañeros o familiares, se convierten en parte de nosotras. Nuestras relaciones impulsan nuestra forma de vivir la vida, pero a veces estamos tan centradas en cosas externas, como el trabajo, que olvidamos cómo amar y cómo hacerlo bien. Y esto también se aplica a querernos a nosotras mismas.

A veces, nos tratamos a nosotras mismas como nunca trataríamos a otra persona, ¡especialmente a alguien a quien queremos! El propósito de la vida es disfrutarla y saborear todas las bellas experiencias que nos regala, pero cuando pensamos que no estamos a la altura, nos convertimos en nuestros más duros críticos. Puede que aún no hayamos alcanzado nuestro objetivo laboral soñado o que no nos gustemos físicamente. Es fácil sentarse y desear haber tomado decisiones diferentes en el pasado, en lugar de honrar lo que somos hoy.

A lo largo de tu camino para cambiar tus patrones de pensamiento a positivos, es importante observar tu forma de amar. Si reflexionas sobre ello, podrás entender mejor cómo empezar a quererte de la forma adecuada.

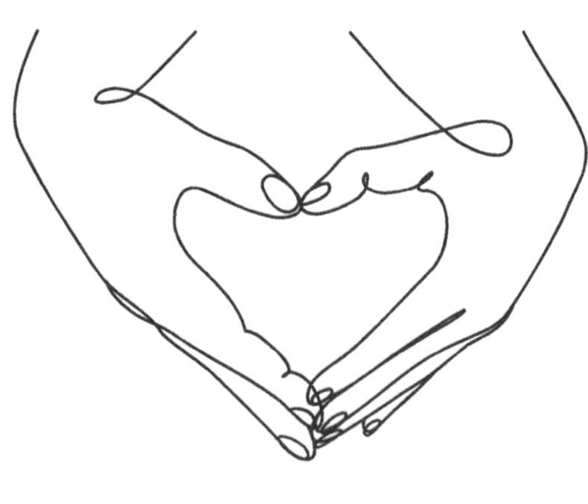

PONLO EN PRÁCTICA

Observa tus relaciones, tanto pasadas como presentes, y pregúntate:

- ¿Qué clase de pareja era yo?

  ....

  ....

- ¿Cómo pude amar a esa persona?

  ....

  ....

- ¿Qué cosas buenas podría decir esa persona de mí que yo no diría?

  ....

  ....

Después de dedicar algún tiempo a este ejercicio, escribe algunas ideas sobre cómo podrías dirigir hacia ti misma la capacidad de amar a los demás con bondad, compasión y comprensión.

Da un paso más y, pensando en todas tus relaciones, románticas o platónicas, identifica 100 cosas que tienes que ofrecer. Al principio puede parecer difícil, pero no te rindas. Puede ser tu capacidad para hacer cumplidos o el hecho de que te guste hacer reír a los demás. Hasta lo más sencillo puede marcar la diferencia. Escribe estas cualidades en una lista.

Dedica algún tiempo a esa lista y recuerda lo maravillosa que eres, cuántas cualidades únicas aportas al mundo y a quienes te rodean. En lugar de centrarte sólo en tus defectos o en que nunca estás a la altura de las situaciones, piensa en todos tus puntos fuertes. Quiérete como te mereces.

EJERCICIO CREATIVO

Junto a cada uno de los 100 puntos que has enumerado, intenta escribir cómo puedes utilizar esa cualidad para demostrar amor. Esto llevará tiempo, así que ve paso a paso. Si eres generosa, expresiva o sabes escuchar, imagina cómo podrías utilizar esa cualidad de una forma nueva para dar amor a los demás y sentirte más querida.

Conclusiones

A menudo aprendemos a amar a los demás mucho antes de aprender a amarnos a nosotras mismas. Pero somos igual de importantes y ¡el amor propio es indispensable! Cuanto más te ames, más energía maravillosa traerá ese amor al mundo.

Cuarta parte: Ama tu perseverancia

Capítulo trece

Cuenta tu historia

> Mientras el recuerdo de algunos amigos queridos permanezca en mi corazón, diré que la vida es bella.
> —*Helen Keller*

Una de las cosas maravillosas de ser tú es que eres única. Todos lo somos y cada una tiene su propia historia que contar. A veces podemos sentirnos abrumadas al pensar en la cantidad de gente que hay en el mundo y preguntarnos: "¿Cómo es posible que yo sea importante?".

Sin embargo, eres más de lo que puedes imaginar. Puede que pienses que no merece la pena contar tu historia, pero recuerda que es preciosa. Cuando

compartimos nuestra historia, compartimos una parte de nosotras mismas y nos relacionamos con los demás.

Todo el mundo merece contar su historia y tú también puedes hacerlo, de la forma que desees.

PONLO EN PRÁCTICA

Podemos decir quiénes somos de diferentes maneras. Si normalmente no eres una persona a la que le guste hablar de sí misma porque hacerlo te hace sentir vulnerable o incómoda, intenta compartir más con los demás cada día. Puedes empezar con tu pareja y luego retarte a hacerlo con amigos y familiares. Acudir a terapia también puede ser un buen punto de partida. Tal vez no te guste tu historia por alguna razón; puede que te avergüences de lo que has hecho en el pasado o que hayas sufrido un trauma que preferirías mantener oculto. Seguro que te llevará tiempo, pero empieza poco a poco.

Ya no tienes que esconderte ni seguir huyendo de lo que eres: al compartir tu experiencia, empezarás a sentirte más libre.

Deja de tener miedo o avergonzarte de tu pasado. Acepta tu historia personal y descubre lo positivo, ¡porque es única!

EJERCICIO CREATIVO

Crea un álbum de recortes de tu historia personal. Si te gusta el bricolaje, ve a una tienda de bricolaje y compra todo lo que necesites. Dedica al menos una página a cada acontecimiento importante y decisivo de tu vida.

Colecciona objetos que tengan un significado especial para ti, como tu primera entrada de cine o de concierto. Forman parte de quién eres y de tu historia.

Conclusiones

A menudo nos avergonzamos de nuestra historia y tendemos a no compartirla con las personas que nos quieren. Sin embargo, ¡nosotros somos nuestra historia! ¡Empieza a contarlo y siéntete más libre!

Capítulo catorce

Sé la guía de tus sueños

La aspiración nos hace humanos. Ese impulso por hacer más nos da la fuerza necesaria para afrontar cualquier cosa que encontremos en el camino. Lo importante es dar el primer paso. Sin embargo, en una sociedad basada en la practicidad y la acción, tener sueños puede resultar difícil. Nos enseñan a ser siempre prácticos, a pensar en el dinero, la seguridad o la familia.

Sin embargo, dar rienda suelta a nuestros sueños puede ser increíblemente liberador. Sueña a lo grande, apunta alto y piensa en todas las cosas que te gustaría conseguir en tu vida. ¿Quieres ser escritora? ¿Quieres crear tu propia empresa? ¿Quieres grabar un álbum de música? Aférrate a estos objetivos y date libertad para soñar.

Sin un plan, esta libertad puede verse coartada, pero recuerda que siempre es posible convertir un sueño en un objetivo.

PONLO EN PRÁCTICA

Nuestros sueños son importantes y merecen nuestra atención. Si nos lo proponemos, nuestro sueño se convertirá en una meta. Saca tu agenda o un trozo de papel y empieza a escribir cinco cosas que quieres conseguir en tu vida, y en qué plazo.

Aquí tienes algunas pistas:

- Quieres conseguir un ascenso en el trabajo
- Quieres mudarte a una ciudad completamente nueva
- Quieres escribir un libro sobre tu vida

En la página siguiente, escribe los pasos que puedes dar para avanzar hacia ese sueño. Ahora se habrá convertido en un objetivo: no sólo estás soñando, estás dando confianza a tus sueños y convirtiéndolos en realidad.

EJERCICIO CREATIVO

Piensa en cómo será tu vida cuando hayas alcanzado uno de tus objetivos. Imagínalo y dibújalo. Puede ser una imagen tuya, un logro o una escena de tu vida futura una vez hayas alcanzado tu objetivo.

Conclusiones

Los sueños nos unen como mujeres y crean un vínculo. La imaginación nos permite liberar nuestro yo más auténtico, nos ayuda a escarbar en nuestro interior y a descubrir nuestras verdaderas pasiones. Tómate tu tiempo para seguir este proceso y descubrir algo nuevo sobre ti misma.

Capítulo quince

Da rienda suelta a tu creatividad

> Da lo mejor de ti convirtiendo las pequeñas chispas interiores de posibilidad en llamas de éxito.
>
> —*Golda Meir*

La perseverancia es un don. Una forma de superar los momentos difíciles de la vida es alimentar la propia creatividad. A veces pensamos que si no somos verdaderos "artistas" no podemos dibujar o pintar, o que carecemos de creatividad.

Pero la creatividad está al alcance de todos, y adopta una forma diferente en cada persona, pero todos somos capaces de crear. No importa lo que elijas hacer para expresarte: escribir, esculpir, bailar, lo que sea... da rienda suelta al artista que llevas dentro.

Te pido que hagas un esfuerzo por amar tu lado más imaginativo dándole el espacio que se merece. Tómate un tiempo cada semana para hacer algo creativo centrado en ti. Es hora de dar espacio a la expresión personal.

PONLO EN PRÁCTICA

¿Qué te gusta hacer? ¿Qué estimula tu imaginación, le aleja de la realidad y da rienda suelta a tu creatividad?

- ¿Te gusta pintar?

  ....

  ....

- ¿Te gusta decorar?

  ....

  ....

- ¿Te gustan los arreglos florales?

  ....

  ....

- ¿Te gusta componer música?

....

....

No lo hagas por dinero o ganancias; la creatividad no va de eso. Dedica un tiempo a la semana a hacer algo creativo como forma de amor propio. Por ejemplo, si te gusta la fotografía, haz fotos de lugares que te gusten de tu ciudad al menos una vez a la semana.

Hacer algo creativo aumentará la felicidad, el bienestar general y te ayudará a superar los momentos más difíciles.

EJERCICIO CREATIVO

Piensa en las tres grandes pasiones de tu vida. En tres folios distintos, dibuja cada uno de ellos o algo que los represente a todos. ¿Qué colores y formas te apasionan? ¿Cómo te los imagina? ¿Cómo puedes incluirlos en tu vida?

Conclusiones

Con demasiada frecuencia descuidamos nuestra creatividad y olvidamos que forma parte de lo que somos. Al dedicar tiempo a hacer algo creativo, en realidad nos damos la oportunidad de descansar de nuestra rutina diaria.

Capítulo dieciséis

Optimiza tu sistema

Al igual que tu dispositivo tecnológico, nosotras también necesitamos a veces una actualización. Cuando estamos ocupadas, nos centramos tanto en las tareas pendientes que llegamos al agotamiento mental o físico. Es natural, pero a veces puede deberse a que utilizamos un "sistema" algo anticuado que ya no funciona y es hora de cambiar.

Si optimizamos nuestros sistemas, encontraremos formas de ahorrar energía, tiempo y recursos para sacar el máximo partido a nuestras vidas.

Tal vez, cuando eras más joven, te levantabas temprano por la mañana y hacías ejercicio y eso te hacía sentir bien, mientras que ahora tienes que llevar primero a los niños al colegio. En este caso, puede que tengas que cambiar ese hábito.

En algunos casos, hay que hacer un auténtico reinicio. Si ya no puedes salir a correr por la mañana, puedes hacerlo justo después del trabajo, antes de que los niños lleguen del colegio o después de que se acuesten.

Es hora de empezar a hacer balance de tu sistema y ver si necesita una revisión para empezar con buen pie.

PONLO EN PRÁCTICA

Analiza tus hábitos: piensa en el trabajo, la vida doméstica, la salud, el descanso, etc. Cuando reflexiones sobre cada una de ellas, piensa en lo que te hace sentir realmente bien y en lo que te cuesta controlar.

¿Has progresado en esas áreas? ¿Hay aspectos en los que podrías mejorar? Intenta pensar en nuevos hábitos que podrías adquirir o simplemente en hábitos que podrías cambiar, por ejemplo, modificando los tiempos que dedicas al descanso y al entrenamiento, o cambiando el orden de las tareas que realizas durante el trabajo, etc.

EJERCICIO CREATIVO

Elige una imagen abstracta para colorear. Mientras lo haces, piensa en tu vida como un conjunto de diferentes sistemas que funcionan juntos.

Conclusiones

Todos necesitamos una actualización de vez en cuando, porque si un sistema funcionó en el pasado, no significa que siga funcionando hoy. Haz un análisis rápido y averigua dónde tienes que hacer cambios en tu vida.

Quinta parte: Quiérete a ti misma, y punto

Capítulo diecisiete

Muéstrate agradecida contigo misma

> **"** Todo lo que aprecies y agradezcas aumentará en tu vida.
> —*Sanaya Roman* **"**

Está demostrado que practicar la gratitud hace a las personas más felices y sanas, permitiéndoles vivir la vida al máximo. Cuando damos gracias por las cosas bellas, practicamos la percepción de la belleza cada día. Cada vez más acontecimientos positivos empiezan a aflorar en nuestra mente y la gratitud se manifiesta de forma cada vez más natural.

A veces nos resulta más fácil dar las gracias a los demás que a nosotras mismas. Ahora tienes la oportunidad de darte un poco de gratitud por cada nuevo objetivo que alcances, por grande o pequeño que sea.

Acostúmbrate a darte las gracias a ti misma más a menudo, y dejarás de ser un obstáculo para tu felicidad, para convertirte en una amiga que te estimula a hacerlo cada vez mejor.

PONLO EN PRÁCTICA

Ten siempre a mano tarjetas en las que hayas escrito pensamientos de gratitud. También son útiles las *notas adhesivas* de colores. Guárdalos en la oficina, en casa y en tu bolso. Léelas siempre que hagas algo por tu salud, tus sueños o tu bienestar.

Da las gracias cuando consigas hacer ejercicio los días que te propongas, cuando cocines una comida sana y deliciosa o cuando pongas un límite para protegerte. Hay tantas cosas buenas que agradecer en tu vida.

Ejercicio creativo

Dibuja un símbolo de gratitud que te haga pensar en lo agradecida que tienes que estar contigo misma cada vez que lo mires. Puede ser un sol, una flor que te guste, un mandala, ¡cualquier cosa que te ayude a dirigir tu mente hacia la gratitud!

Conclusiones

Haces muchas cosas en tu vida diaria. Pero no esperes a que los demás te den las gracias. Dítelo a ti misma y muestra gratitud por todo lo que haces cada día.

Capítulo dieciocho

Aprecia las cosas buenas de la vida

> " *Recuerda siempre sonreír y apreciar lo que tienes en la vida.*
> —*Marilyn Monroe* "

¿Nunca te dijeron tus padres que apreciaras las cosas buenas que tienes en la vida en lugar de quejarte? De niños es difícil hacerlo porque somos menos capaces de relativizar las cosas negativas. Pero ahora que eres adulta, centrarte en lo que tienes y no en lo que no tienes puede cambiar tu vida de formas inimaginables.

Es un concepto estrechamente relacionado con el arte de practicar la gratitud. Pero si en el capítulo anterior te animaba a mostrarte agradecida contigo misma, aquí te reto a reconocer las cosas buenas que tienes en todos los ámbitos de tu vida. ¿Qué mejor manera de fomentar la positividad y la alegría?

Las bendiciones pueden tener diferentes formas y tamaños. Pueden ser personas, acontecimientos, objetos, logros y mucho más, así que no te centres sólo en un aspecto. ¿Qué cosas buenas te están pasando? ¿Qué cosas buenas están ocurriendo ya en tu vida?

PONLO EN PRÁCTICA

Cada una de nosotras debería encontrar tiempo para detenerse y reflexionar sobre las bendiciones de nuestra vida. Dedica unos minutos a hacer una lista de las cosas que tienes. Pregúntate a ti misma:

- ¿Por cuáles personas puedes estar agradecida?

- ¿Quién te ha ayudado en el trabajo, en casa, entre amigos?

  ....

  ....

- ¿Disfrutas de buena salud?

  ....

  ....

- ¿Tienes amigos maravillosos?

  ....

  ....

- ¿Tienes una familia que te quiere y te apoya?

  ....

  ....

- ¿Es tu pareja amable y paciente?

  ....

  ....

- ¿Tus hijos están sanos y felices?

....

....

- ¿Tienes un techo sobre tu cabeza?

....

....

- ¿Tienes dinero suficiente para mantenerse tú y tu familia seguros y felices?

....

....

- ¿Te gusta tu trabajo?

....

....

- ¿Amas tu casa y el lugar donde vives?

....

....

Cuantas más bendiciones encuentres, más podrás centrarte en los aspectos positivos. Ahora reflexiona sobre la palabra *gratitud*: ¿qué significa para ti?

Piensa cómo puedes mostrar más aprecio, incluso por las cosas buenas que has enumerado. Tal vez puedas invitar a cenar a un vecino que en su día fue amable contigo para darle las gracias. O puedes dedicar tiempo al voluntariado. Descubre nuevas formas de dar las gracias y recuerda siempre las cosas buenas que tienes.

EJERCICIO CREATIVO

Escribe la palabra gratitud en letras grandes en un folio. Dentro de cada carta, haz un dibujo de algo por lo que estés agradecido. Pon este dibujo en un lugar donde puedas verlo todos los días para que te ayude a apreciar las cosas buenas de tu vida.

Conclusiones

Está demostrado que las personas que se centran en lo que tienen y no en lo que no tienen son mucho más felices. ¿No lo estarías tú también si te centraras en tu maravillosa familia, tu trabajo que te encanta y tus increíbles amigos? Sigue sonriendo recordando lo que tienes porque así es exactamente como te llegarán nuevas bendiciones. Sólo hay que buscarlas.

Capítulo diecinueve

Repiensa tu espacio

> No necesitamos magia para cambiar el mundo. Ya tenemos en nuestro interior todo el poder que necesitamos.
>
> —*J.K. Rowling*

El hogar es donde está nuestro corazón. Todas queremos que nuestro hogar sea un lugar seguro y lleno de amor. Queremos un lugar donde la gente pueda venir y recibir amor y hablar sin ser juzgada. Piensa en tu espacio y en la acogida que das a los demás y a ti misma.

¿Sientes que puedes ser tú misma en tu casa? ¿Es un espacio seguro donde refugiarse y relajarse lejos del caos de la vida cotidiana? Piensa en tu espacio y

reflexiona sobre cómo te hace sentir a ti y a los demás. Cuanto más acogedora sea tu casa, mejor se sentirán tú, tu familia y tus amigos.

PONLO EN PRÁCTICA

Un hogar acogedor no sólo significa abrir las puertas a la familia, los amigos y los vecinos, sino también crear un espacio que te proporcione a ti y a todos ellos lo que necesitan. Debe ser un lugar donde todos puedan expresarse libremente y compartir sus experiencias sin sentirse juzgados.

Puedes transmitir este mensaje renovando tu entrada para crear un espacio más abierto y positivo. Añade una guirnalda, coloca plantas en macetas con luces o pinta la puerta de entrada de un color cálido y acogedor.

Asegúrate también de tener una sala donde la gente pueda sentarse, expresarse libremente y disfrutar, pero no olvides dedicarte también una especial a ti. Debe ser tu propio espacio donde puedas sentirte segura. También puede ser un rincón para leer, un lugar para hacer yoga o meditación, o un lugar para escribir en tu diario.

EJERCICIO CREATIVO

Diseña una imagen de bienvenida para tu hall de entrada. ¿De qué otra forma puedes dar un toque decorativo y acogedor a esa parte de la casa? Puedes diseñarlo en la realidad o incluso sólo en un dibujo que dé la idea de *puertas abiertas*.

Conclusiones

Todo el mundo se merece un espacio en el que refugiarse, y tú puedes crearlo para tus amigos, tu familia y las personas que más quieres. Pero no te olvides de ti.

Capítulo veinte

Pulsa el botón de reinicio

> **Las mujeres necesitan la soledad para encontrar su verdadera esencia.**
> —*Anne Morrow Lindbergh*

La rutina diaria puede ser agotadora, no sólo por el trabajo, sino también por las muchas pequeñas tareas cotidianas. Por ejemplo, tenemos que hacer la colada, llevar a los niños a hacer deporte, ayudar a familiares mayores y muchas cosas más. Darte cuenta de cuándo ha llegado el momento de tomarse un descanso es un gesto de amor. Lo sé, puede parecer una tarea imposible teniendo en cuenta todos los compromisos que tenemos, pero es esencial para nuestro bienestar. Para vivir una vida feliz y positiva, tienes que quererte tanto a ti misma que sepas tomarte un respiro.

Quizá ya pases tiempo a solas leyendo o haciendo ejercicio; sin embargo, mi objetivo en este capítulo es invitarte a pasar algún tiempo a solas en silencio.

PONLO EN PRÁCTICA

Empieza a descubrir la soledad. Mira tu agenda y busca un día en el que puedas dedicarte algo de tiempo a ti misma. Avisa a las personas de tu entorno de que ese día no estarás disponible. No permitas que nadie cambie tu plan a menos que se trate de una emergencia real.

Después, busca un lugar donde puedas estar contigo misma sin que nadie te moleste. Sin móvil, sin niños, sin distracciones. Intenta ir a un parque o a otro lugar al aire libre donde puedas sentarte y sentirte realmente tú misma. Cuando llegues a casa, escribe las reflexiones que tengas sobre la experiencia. Cuanto más lo hagas, más aprenderás a amar y añorar ese momento de soledad.

Ejercicio creativo

Dibújate a ti misma mientras reflexionas en soledad.
¿En qué se diferencia este dibujo de los anteriores?

Conclusiones

A veces, sólo tenemos que bajar el volumen, saborear el silencio y aprender a amar nuestra compañía para recuperar la paz interior y la confianza en nosotros mismas. Recuerda, si tú no te quieres ni aprecias tu propia compañía, ¿quién más podría hacerlo?

Conclusión

La vida ya es bastante dura como para añadirle nuestros pensamientos negativos. En los momentos más difíciles, es fácil sentirse abrumada y creer que no se tiene a nadie a quien acudir ni ningún lugar adónde ir. Pero te animo a que busques dentro de ti la fuerza que necesitas para volver a ponerte en pie.

Dentro, encontrarás una guía, una amiga, un confidente y una voz que te estimulará. Sólo hay que buscarlo. Conviértelo en tu objetivo: empieza a ver en ti la guía que te permite superar las dificultades cotidianas.

Ten más confianza en ti misma y recuerda que la vida puede ser difícil, pero también está llena de una belleza increíble. Cuando estamos demasiado ocupadas despreciándonos a nosotras mismas o demasiado estresadas por cosas que no podemos controlar, no nos damos cuenta de las maravillosas experiencias que nos ofrece la existencia.

Adopta una actitud más positiva ante la vida. Quiérete a ti misma y a los demás y sé consciente de los momentos felices.

Para ello, tendrás que trabajar en:

- cambiar de perspectiva
- celebrar tu fuerza
- amar tu energía
- querer tu perseverancia
- y amarte a ti misma, y punto

Hay una vida maravillosa ahí fuera esperándote. Pero depende de ti aprovecharlo; todo lo que necesitas está dentro de ti.

Contenido adicional
Nuestros Regalos para ti

Suscríbete a nuestro boletín y recibe estos materiales gratuitos

www.specialartbooks.com/free-materials/

Síguenos en:

Instagram: @specialart_books

Grupo de Facebook: Special Art Books

Página web: www.specialartbooks.com

Impressum

Para preguntas, comentarios y sugerencias:

support@specialartbooks.com

Nina Madsen, Special Art

Copyright © 2023

www.specialartbooks.com

Imágenes by © Shutterstock